Ilse Gretenkord

Tafelbilder für den Religionsunterricht

Kopiervorlagen

BRIGG Pädagogik

Gedruckt auf umweltbewusst gefertigtem, chlorfrei gebleichtem
und alterungsbeständigem Papier.

2. Auflage 2009
Nach den seit 2006 amtlich gültigen Regelungen der Rechtschreibung

Illustrationen: Monika Mulzer

ISBN 978-3-87101-**408**-6 www.brigg-paedagogik.de

Inhaltsverzeichnis

Vorwort

Die Verwendung von Tafelbildern im Religionsunterricht

Tafelbilder sind unbestritten nach wie vor aktuell – trotz der täglich wachsenden Einsatzmöglichkeiten moderner Medien im Unterricht.

Tafelbilder
- entstehen aus dem Unterrichtsgespräch
- halten Schülerideen fest
- zeigen Zusammenhänge auf
- fassen Wesentliches zusammen
- bringen Erkenntnisse und Ergebnisse auf den Punkt
- erhöhen die Konzentration der Schüler/-innen
- leiten Schüler zu übersichtlicher Heftführung an
- können die Funktion des „roten Fadens“ in der Unterrichtsstunde übernehmen
- enthalten auditive, visuelle und handlungsorientierte Elemente
- sind bei Bedarf jederzeit veränderbar.

Eine Tafel
- ist in jedem Klassenraum vorhanden und verfügbar
- ist flexibel einsetzbar
- kann mehrfarbig beschrieben werden
- kann durch Klebezettel zusätzliche Elemente aufnehmen.

Gerade im Religionsunterricht ist die Tafel ein besonders wertvolles Hilfsmittel. Viele Themen des Religionsunterrichtes sind nur teilweise wissensorientiert, vielmehr geht es oft um existentielle Fragestellungen, die es durch langsames Herantasten zu erfassen gilt. Erste Gedanken eines Brainstormings beispielsweise können festgehalten, durch andere ersetzt, umkreist, hervorgehoben und gegliedert werden. Auch Versuche, Göttliches und nicht real Erfassbares in Symbolen festzuhalten, können durch Lehrkräfte und Schüler/-innen dargestellt, diskutiert, angenommen oder verworfen werden. Es findet ein dynamischer Prozess statt, an dem sich alle beteiligen und über den alle gemeinsam reflektieren können. Durch die Konzentration auf einen Punkt, das Medium Tafel, entstehen Impulse für einen schriftlich fixierten Denkprozess.

Auf Folien konzipierte Tafelbilder für den Einsatz des Overheadprojektors können in manchen Situationen hilfreich sein. Dabei geht meist aber der ganze Effekt der Dynamik, der Entstehung eines Stundenergebnisses verloren. Die Schüler bekommen ein fertiges Produkt präsentiert, das sie bestenfalls noch besprechen und dann (nur) abschreiben.

Allerdings können Overheadfolien auch eine ähnliche Funktion wie ein Tafelbild erhalten, wenn der Lehrer sich die Mühe macht, das fertige Tafelbild zu „zerlegen“. Er kann z. B. lediglich eine Struktur, ein Gerüst auf der ersten Folie vorgeben, die dann handschriftlich nach und nach ergänzt wird – vergleichbar zur Entstehung eines Tafelbildes. Oder es können mehrere Folien nach und nach aufeinandergefügt werden, sodass

sich einzelne Aspekte und Zusammenhänge schrittweise aufbauen. Mit dieser Verwendung von Overheadfolien kann ein nicht gleichwertiger, aber vergleichbarer Effekt wie mit Tafelbildern erzielt werden.
In den meisten Situationen ist es pädagogisch viel bedeutsamer, wenn die Schüler/-innen angehalten werden, das Tafelbild selbst von der Tafel in ihr Heft zu übertragen. Das zwingt sie zur Ordnung, zum genauen Hinsehen, zu sorgfältigem Abschreiben. Manchmal kann das Tafelbild am Ende der Stunde als sogenanntes Handout (als Kopie) an die Schüler ausgeteilt werden, die es dann in ihre Unterlagen einfügen.
In ganz seltenen Fällen kann das Austeilen eines fertigen Tafelbildes an die Schüler zu Beginn einer Unterrichtsstunde sinnvoll sein. Sie bekommen damit einen komplexen Sachverhalt vorgegeben, den sie erfassen, analysieren und interpretieren müssen. Das schult und fordert die Fähigkeit, Zusammenhänge zu erkennen, sie zu erläutern und zu deuten.

Alles in allem sind Tafelbilder auf unterschiedliche Weise verwendbar. Das setzt voraus, dass der Lehrer individuell damit umgeht. Er kann sie teilweise übernehmen, er kann sie verändern, kann sie auch nur als Anregung nutzen für einen eigenen Entwurf. In diesem Sinne haben die ausgearbeiteten, vorgeschlagenen Tafelbilder dieses Bandes eine multiple und hilfreiche Funktion.

Abendmahl

Katholisches Eucharistieverständnis

Brot —Wandlung→ **Leib Christi**

Wein —Wandlung→ **Blut Christi**

Transsubstantiation:

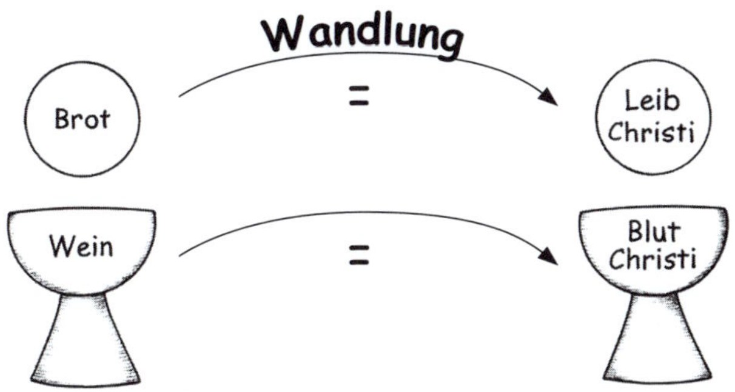

die „Substanz" (das wirkliche Sein) wird durch die Wandlung verändert.
Das Auge des Glaubens sieht den Leib des Herrn.
Die äußere Erscheinungsform bleibt unverändert.
Das physikalische Auge sieht das gleiche Brot wie vor der Wandlung.

hostia (Opfertier):

In jeder heiligen Messe wird das einmalige Opfer Christi für uns heute in die Gegenwart geholt.

Nach der Wandlung bleibt die Hostie **LEIB CHRISTI**

Anbetungsgefäß: MONSTRANZ

Aufbewahrungsort: TABERNAKEL

Abendmahl

Lutherisch-evangelisches Abendmahlverständnis

Konsubstantiation:

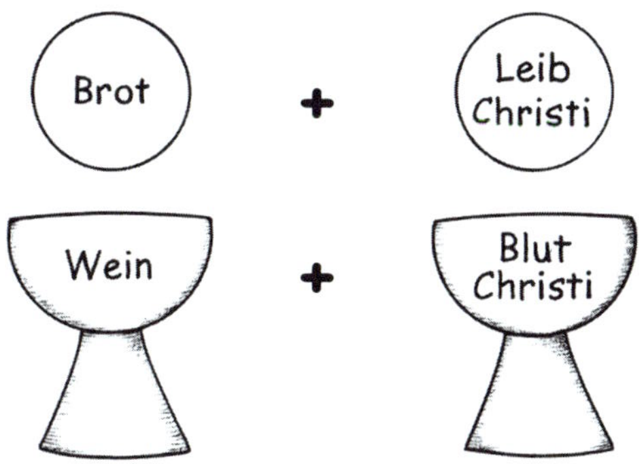

Zu den „Substanzen“ Brot und Wein kommen die Substanzen Leib und Blut Christi hinzu.

Reale Gegenwart Christi in den unverwandelten Substanzen Brot und Wein.

Während des gläubigen Empfangs des Abendmahles kommt zum Brot der Leib Christi hinzu.

Nach der Abendmahlfeier ist das Brot der Abendmahlfeier wieder normales Brot.

keine Anbetung der Hostie

keine Aufbewahrung der Hostie

Abendmahl

Abendmahlverständnis der „reformierten Kirchen"

I Zwingli:

- Abendmahl ist reine Gedächtnisfeier
- Brot ist nur ein Zeichen für den Leib Christi
- Christus ist nur im Geiste gegenwärtig
  „Fleisch essen" = Glaube, dass Christus für uns gestorben ist

---

II Calvin:

- Christus ist im Abendmahl nicht wirklich, sondern nur symbolisch gegenwärtig
- Empfänger des Abendmahls ist durch den Heiligen Geist mit Christus auf geistiger Ebene intensiv verbunden

Abrahams Nachkommen

12 Söhne Jakobs – 12 Stämme Israels

ABRAHAM + **SARA**

Verheißung zahlreicher Nachkommen | hohes Alter, unfruchtbar

Sohn **ISAAK** heiratet REBEKKA

Zwillinge **ESAU** und **JAKOB**

ESAU: Erstgeborener

JAKOB: erschleicht sich den Segen des Vaters

SILPA (Leas Magd) — LEA, 1. Frau — RAHEL, 2. Frau (Lieblingsfrau) — BILHA (Rahels Magd)

SILPA: **GAD**, **ASCHER**

LEA, 6 Söhne: **RUBEN**, **SIMEON**, **LEVI**, **JUDA**, **ISSACHAR**, **SEBULON**

RAHEL: **JOSEF**, **BENJAMIN**

BILHA: **DAN**, **NAFTALI**

Wo bleibt Tochter **DINA**?

Das Alte Testament - ein Buch aus Büchern

(katholische Ausgabe)

Geschichtliche Bücher

a) **5 Bücher Mose**
GEN (Genesis), EX (Exodus), LEV (Levitikus), NUM (Numeri), DTN (Deuteronomium)

b) **Geschichte des Volkes Gottes**
JOS (Josua), RI (Richter), RUT, 1 SAM (Samuel), 2 SAM (Samuel), 1 KÖN (Könige), 2 KÖN (Könige), 1 CHR (Chronik), 2 CHR (Chronik), ESRA, NEH (Nehemia), TOB (Tobit), JDT (Judit), EST (Ester), 1 MAKK (Makkabäer), 2 MAKK (Makkabäer)

Weisheitsliteratur

IJOB (Hiob)
SPR (Sprüche)
KOH (Kohelet)
HLD (Hohelied)
WEISH (Weisheit)
SIR (Jesus Sirach)

Psalmen

Hymnen
Danklieder
Klagelieder (eines einzelnen/des Volkes)
Bittpsalmen
Wallfahrtslieder
Königslieder
Weisheitslieder
messianische Psalmen

Propheten

JES (Jesaja)
JER (Jeremia)
KLGL (Klagelieder)
BAR (Baruch)
EZ (Ezechiel)
DAN (Daniel)

Zwölfprophetenbuch
HOS (Hosea)
JOËL
AM (Amos)
OBD (Obadja)
JONA
MI (Micha)
NAH (Nahum)
HAB (Habakuk)
ZEF (Zefanja)
HAG (Haggai)
SACH (Sacharja)
MAL (Maleachi)

Apostel

Die ZWÖLF — Ehrentitel für **PAULUS**

Simon Petrus	**Judas Iskariot** (Verräter Jesu)
Andreas	**Simon Kananäus**
Jakobus	**Thaddäus**
Johannes	**Jakobus** (Sohn des Alphäus)
Philippus	**Matthäus** (Zöllner)
Bartholomäus	**Thomas**

Mt 10,2–4

Apostelgeschichte

CHRISTI HIMMELFAHRT

⇩

PFINGSTEN

Beginn der Mission - Leben in der Urgemeinde - Wunder durch Apostel
Verfolgung der Apostel - Steinigung des STEPHANUS

→ Aus Verfolger SAULUS wird Apostel PAULUS

VISION → sieht den Himmel offen und Christus zur Rechten Gottes

→ VISION des PETRUS

---

3 Missionsreisen des PAULUS

Aufforderung zur Heidenmission

APOSTELKONZIL

Judenmission contra Heidenmission

Verhaftung und Gefangenschaft des PAULUS → PAULUS in ROM

Arbeit

„Ich arbeite, um zu leben."

„Macht euch die Erde untertan."

„Bete und arbeite."

ARBEIT

- gibt dem Leben Sinn
- ermöglicht Selbstverwirklichung
- gibt dem Alltag Struktur
- ernährt die Familie
- bringt Kontakte

- Gefühl, nicht (mehr) gebraucht zu werden
- Gefühl des Versagens
- sinnloses Totschlagen von Zeit
- Armut; negative Auswirkungen für die Kinder (sozialer Abstieg)
- Abkapselung

Ich habe keine ARBEIT

„Ich darf nicht arbeiten."

„Ich muss nicht arbeiten."

„Ich kann nicht arbeiten."

Aufbau der heiligen Messe

Wortgottesdienst

Einzug
Begrüßung
Schuldbekenntnis
Kyrie
Gloria (nicht immer)
Tagesgebet
Lesung
Zwischengesang
2. Lesung möglich
2. Zwischengesang
Evangelium
Predigt
Glaubensbekenntnis
Fürbitten

Opfergottesdienst

Gabenbereitung
Gabengebet
Präfation (Dankgebet)
Sanctus
Hochgebet (mit der Wandlung)
Doxologia
Vaterunser
Friedensgruß
Brechen des Brotes
Agnus Dei
Kommunion
Schlussgebet
Segen und Entlassung

Aufbau der katholischen Kirche - Ämter

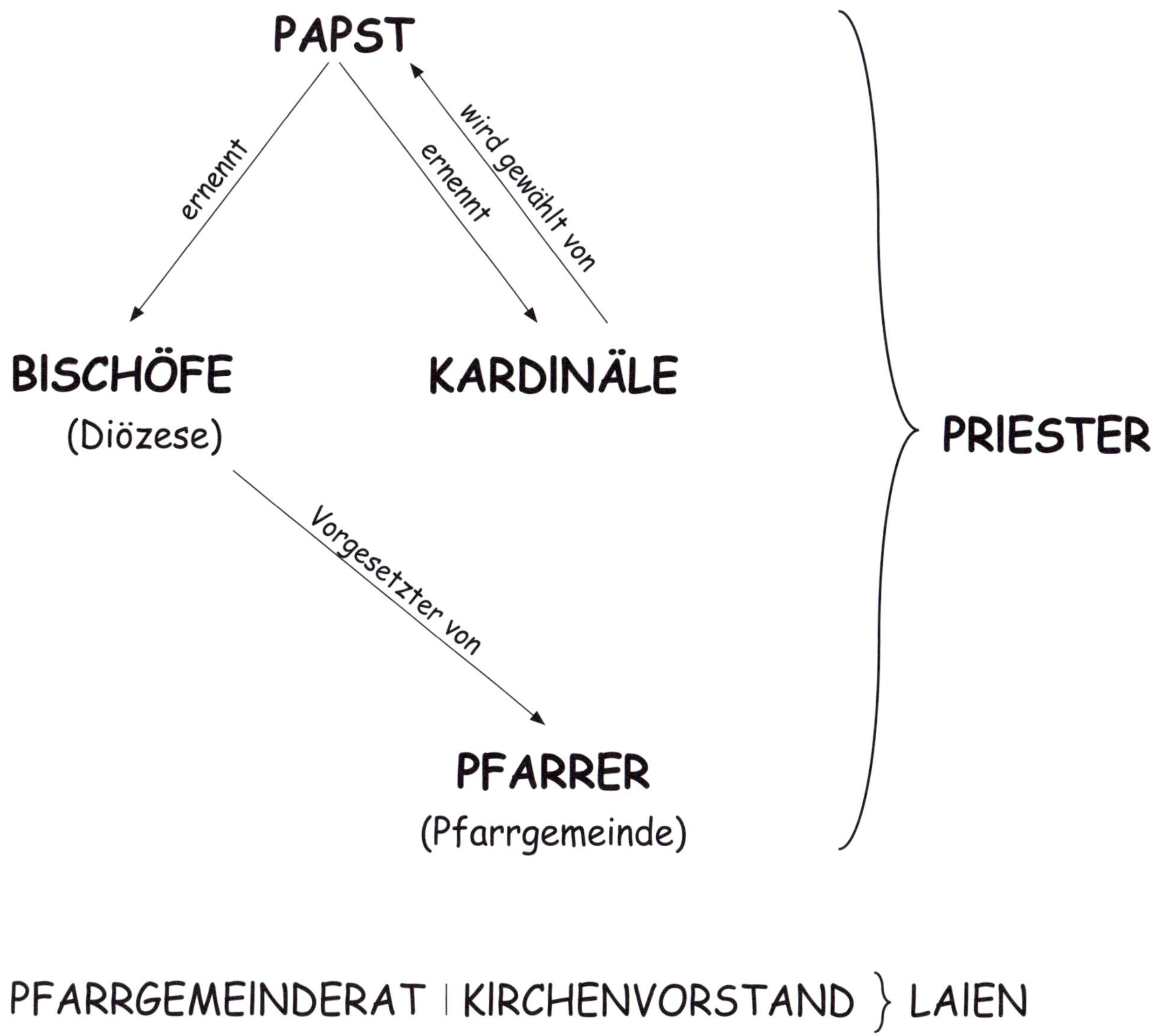

- **Papst**
- **Kardinäle**
- **Bischöfe**
  Weihbischöfe/Erzbischöfe
- **Pfarrer**
  - Seelsorger
  - Schulseelsorger
  - Gefängnisseelsorger
  - Jugendseelsorger
  - Krankenhausseelsorger
  - Telefonseelsorger
- **Diakon**
- **Gemeinde-Referent(in)**

Auferstehung

Werk der LIEBE Gottes

Quelle der HOFFNUNG

Fundament christlichen GLAUBENS

AUFERSTEHUNG

ZIEL des Christen

verantwortliches HANDELN im Blick auf Auferstehung

Auferstehung als wunderbare VERWANDLUNG

BEFREIUNG aus der Nacht des Todes

BeRUFung und VerANTWORTung

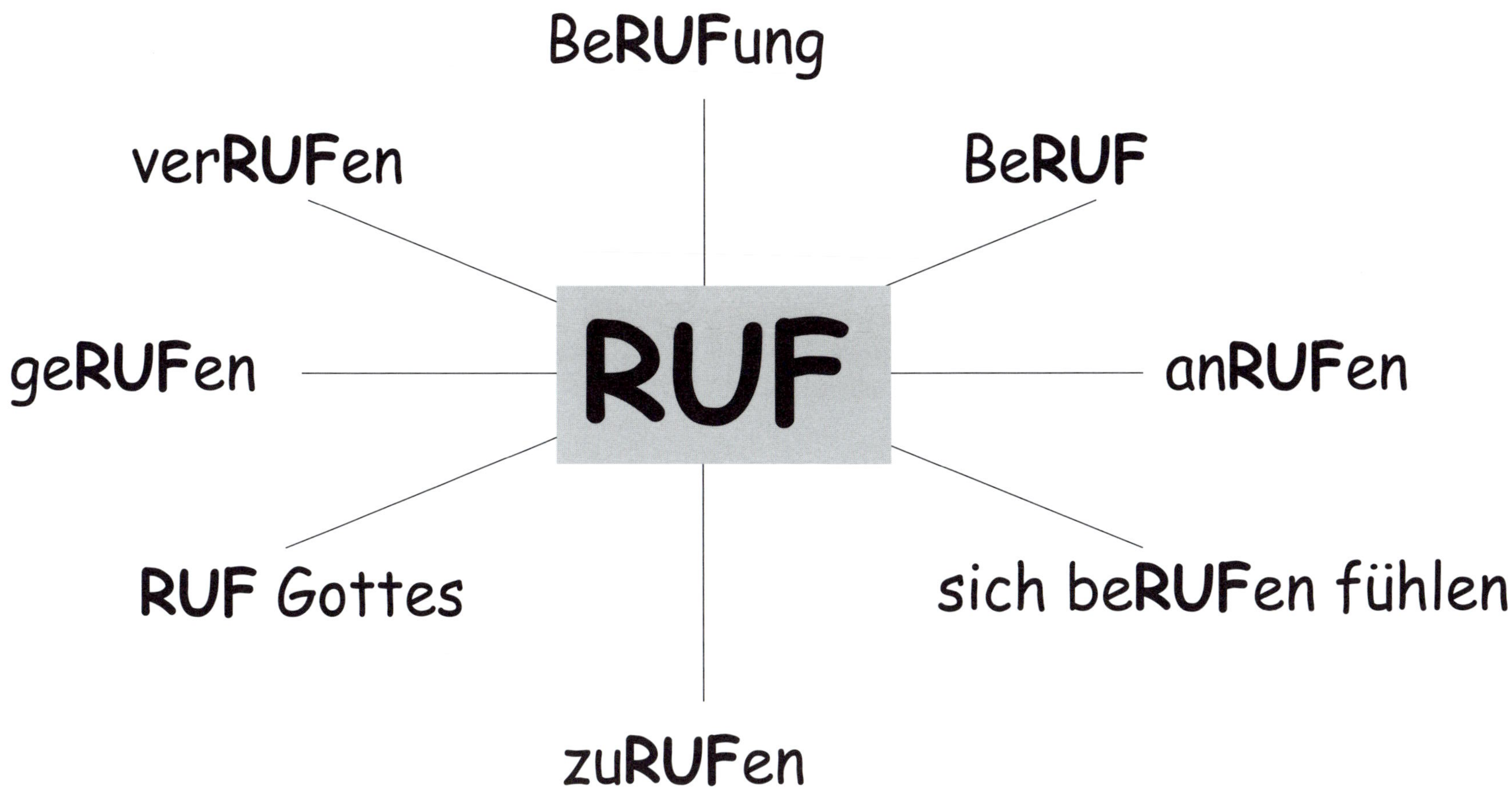

- Dem **RUF** Gottes kann der Mensch nicht die **ANTWORT** verweigern.
- Durch eine **ANTWORT** (Stellungnahme) kann der in Ver**RUF** Geratene seinen guten **RUF** wiederherstellen.
- Derjenige, der **RUF**t, erwartet eine **ANTWORT**.
- Jeder Be**RUF** verlangt Ver**ANTWORT**ung bei der Ausübung.

Buddhismus - Religion ohne Gott

Religionsstifter: um 500 v. Chr.

SIDDHARTHA GAUTAMA (Hinduist)

begegnet einem

Greis – Kranken – Toten – Asketen

verlässt Palast und Familie

4 edle **WAHRHEITEN:**
- alles Leben ist **LEID**
- Gier, Wünsche, Lebensdurst sind Ursachen für **LEID**
- **LEID** aufheben durch Bekämpfung der Begierden
- achtteiliger **PFAD** zur Erlösung

8-teiliger **PFAD:**
- rechte Anschauung - rechte Gesinnung - rechtes Reden
- rechtes Handeln - rechtes Leben - rechtes Streben
- rechtes Überdenken - rechtes Sichversenken

Ziel: **NIRWANA** (Erlöschen durch **SELBSTERLÖSUNG**)

HINAYANA: Buddhismus für Mönche
BUDDHA ist Vorbild, aber kein GOTT

MAHAYANA: Buddhismus für weltliche Gläubige
Verehrung von Buddha(s) und Boddhisattwas als Götter

CARITAS

Die soziale Hilfsorganisation der kath. KIRCHE leistet in allen menschlichen Notsituationen Hilfe.

Engagierte CHRISTEN sind in der Caritas tätig

caritas

(= lat. Nächstenliebe)

C - für Arme
A - für Kranke
 - für Behinderte
R - für Kinder
 - für Alte
I - für Obdachlose
 - für Migranten
T - für Arbeitslose
 - in Krankenhäusern
A - in der Mission
 - in Katastrophengebieten
S - in Schulen
 - in Waisenhäusern

MOTIVATION

- Nachfolge Jesu
- christliches Menschenbild
- katholische Soziallehre

Christentum

JESUS CHRISTUS:

- Mensch gewordener Sohn Gottes
- erlöste die Menschen durch sein Leiden und seinen Tod am Kreuz
- eine Gottheit des dreifaltigen Gottes
- als erster von den Toten auferstanden

X (Chi)

P (Rho)

CRISTOS

INRI

Jesus von Nazareth
König der Juden
(Rex)

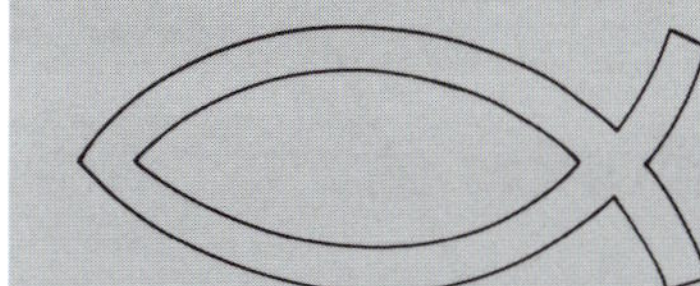

ICHTHYS

Jesus **Ch**ristus

theou (Gottes)

yos (Sohn)

soter (Retter)

Brot 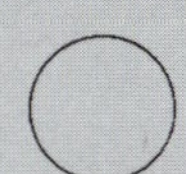 Hostie/Leib Christi

Wein  Blut Christi

Christenverfolgung

CHRISTLICHE CHARAKTERISTIKA

- Eucharistie
- Kreuzzeichen
- Hausgottesdienste

missgedeutet als

- Menschenopfer
- geheimes Zeichen von Verschwörern
- heimliche Treffen

Vorurteile

mangelnde Information

CHRISTEN

sollen **Kaiser** anbeten

bei Nichtbefolgung

Todesstrafe

wollen nur **Gott** anbeten

bei Nichtbefolgung

ewige Strafe nach dem Tod

Christliche Konfessionen

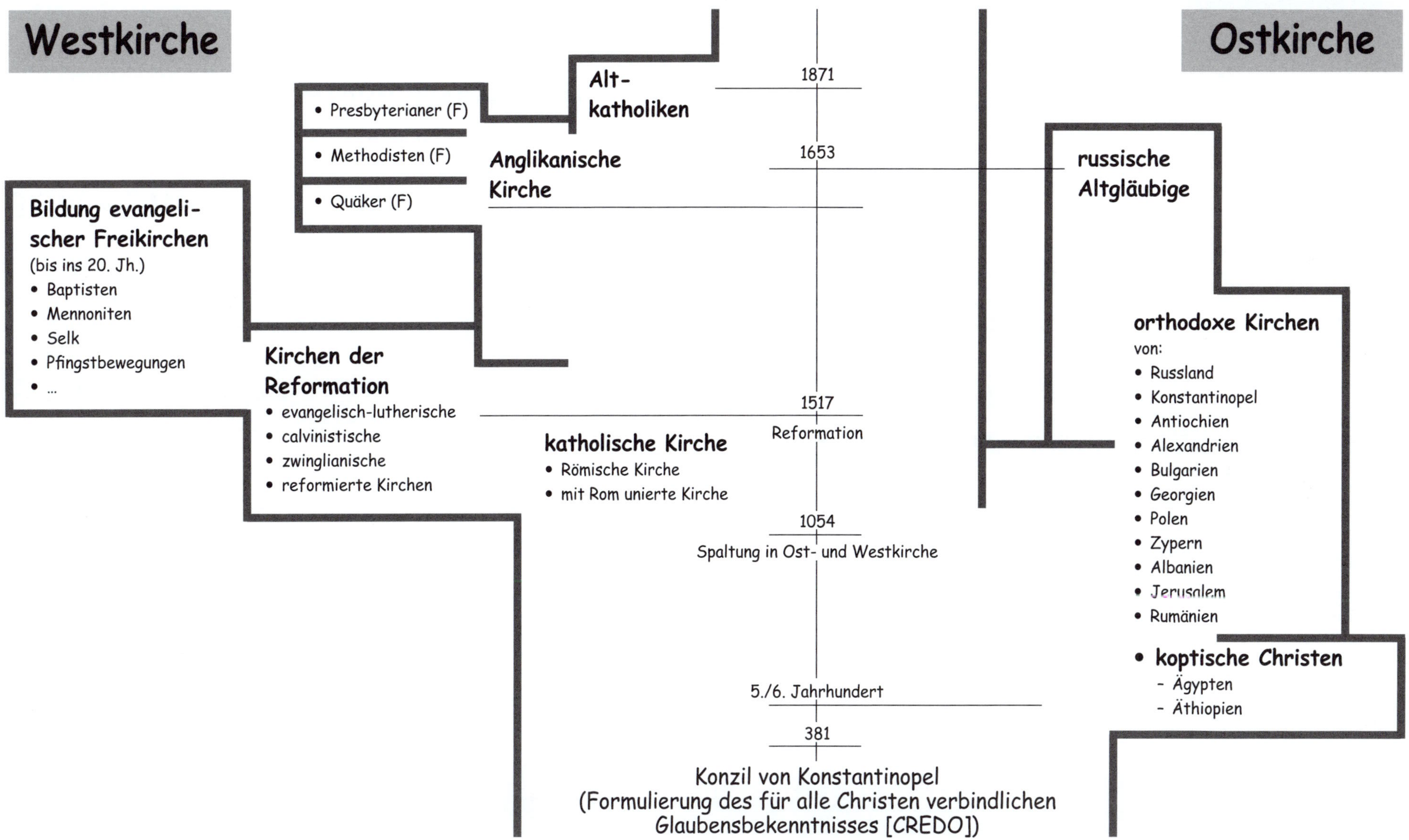

Christliche Todesanzeigen

Religiöses Symbol

- Kreuz ✝
- betende Hände
- ☧
- Gebet
- Spruch
- ruht in Frieden
- Gott schenke ihr/ihm die ewige Ruhe

- Name des Verstorbenen
- Alter (Geburtsdatum * Todestag †)
- Trauernde
- Tag/Ort/Zeit der Beerdigung
- Wohnort/Trauerhaus
- Todesursache
- Firma/Kollegen
- Freunde/Verein

Bemerkungen:

- in aller Stille/im engsten Familienkreis beigesetzt
- Spende statt Kränze erbeten
- von Trauerbesuchen absehen
- kein Kondolieren am Grab
- nach Empfang des Sterbesakramentes
- Gott hat ihn heimgeholt

Christlicher Lebensweg

Stationen: Empfang der Sakramente

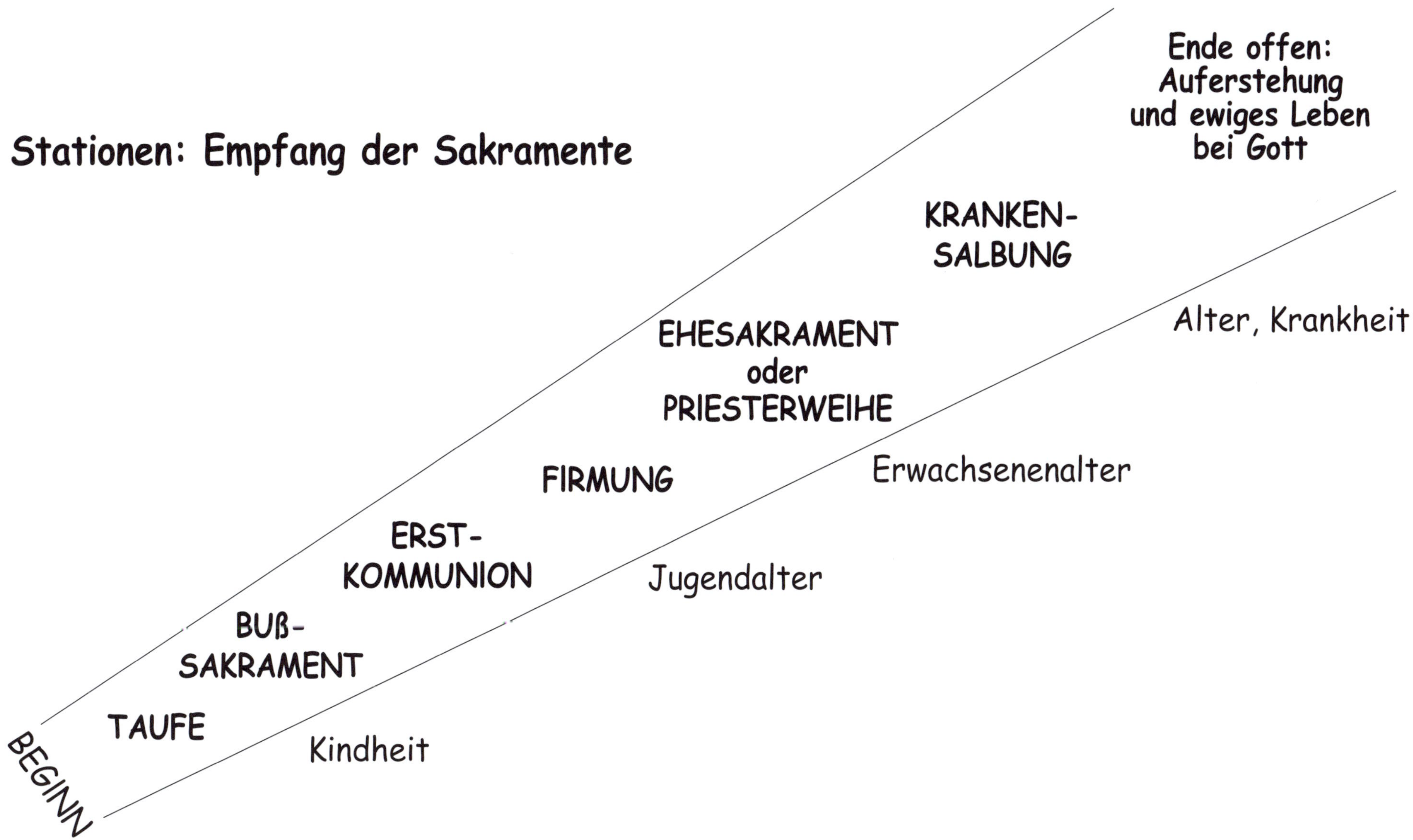

Christliches Menschenbild

MENSCH
als Abbild Gottes geschaffen (Gen 1,26-27)

MENSCH
steht über der übrigen Schöpfung (Gen 1,26-28)

MENSCH
nur wenig geringer als Gott (Ps 8,5-9)

MENSCH
ist wunderbar gestaltet (Ps 139,13-16)

⇒ **MENSCH**

- Gleichwertigkeit aller Menschen
- Verantwortung vor dem Schöpfer
- Achtung vor dem Leben
- freier Wille
- Würde
- Verantwortung für die Schöpfung
- Pflicht zur Einhaltung der Gebote

MENSCH

ist die Krone  der Schöpfung

Dreifaltigkeit

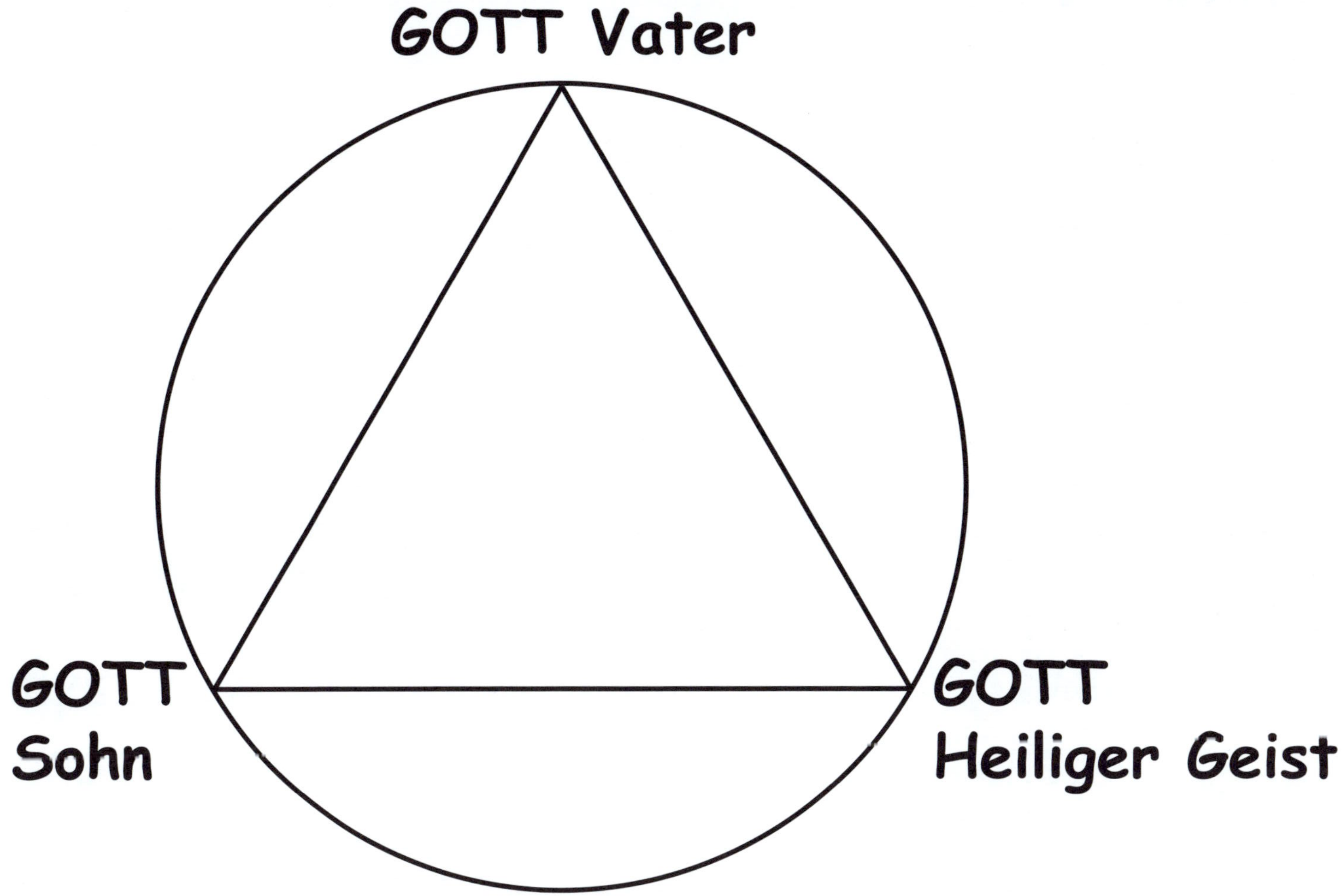

gleichseitiges (vollkommenes) **Drei**eck: **Drei**faltigkeit

Kreis (vollkommene Figur) verbindet: **Drei**einigkeit

G wie: Gott, Geld, Gewalt

Gott Gebet
Gewissen Glaube
Gerechtigkeit
Gnade Güte
Großmut
Gefühl Genie
Gelingen
Gemeinschaft
Gespür Geben
Glück Gast
Gebot
Geheimnis des
Glaubens

Geld Gold
Gloria Glanz
Glamour
Garantie
Gigantisch
Gala Genuss
Glück

Gefräßigkeit
Grauen Geiz
Gewalt Gier
Geheimdienst
Grenze Grab
Gift Gespenst
Gemeinheit
Gestapo
Gegner Gaffer
Gangster
Gotteslästerung
schreckliches
Geheimnis

7 Gaben des Heiligen GEISTES

WEISHEIT:	nach Vollkommenheit streben; Göttliches und Menschliches unterscheiden können
VERSTAND:	göttliche Dinge verstehen
STÄRKE:	um Hindernisse zu überwinden beim Streben nach Vollkommenheit
RAT:	leitet auf dem rechten Weg
WISSENSCHAFT:	Fähigkeit, das Beste zu wählen
FRÖMMIGKEIT:	schützt vor Gottvergessenheit und Gefühllosigkeit
GOTTESFURCHT:	hilft, alles zu meiden, was unvollkommen ist

7 Tugenden:
Glaube/Hoffnung/Liebe/Klugheit/
Gerechtigkeit/Tapferkeit/Mäßigung

7 Sakramente:
Taufe/Firmung/Beichte/Eucharistie/
Ehe/Priesterweihe/Krankensalbung

7 Todsünden:
Stolz/Geiz/Wollust/Neid/Völlerei/
Zorn/Trägheit

Gebote

5. Gebot: „Du sollst nicht töten."

GOTT ist Herrscher über **LEBEN** und **TOD**

GOTT bestimmt den Todeszeitpunkt eines Menschen

TÖTEN = schwere SÜNDE

MENSCH bestimmt den Todeszeitpunkt

- Todesstrafe/Hinrichtung
- Totschlag
- Abtreibung
- Selbsttötung
- Euthanasie
- Mord

Menschliches Leben kann auch vernichtet werden durch:

- Rufmord
- „Töten durch Blicke"
- totschweigen
- „dieser Mensch ist für mich gestorben"
- Totgesagte
- in Todesangst versetzen
- zu Tode erschrecken

Gebote

7. Gebot: „Du sollst nicht stehlen."
10. Gebot: „Du sollst nicht begehren deines Nächsten Hab und Gut."

Gegenreformation

Vorreiter: IGNATIUS von LOYOLA

(Gründer des Jesuitenordens 1534)

KONZIL von TRIENT (1545-1563)

- Beseitigung vieler Missstände in der katholischen Kirche
- Präzision katholischer Lehre in Abgrenzung zur Verkündigung und Praxis der Reformatoren:
  - Festlegung der 7 Sakramente
  - Eucharistiefeier als Messopfer

Geschichte Israels

v. Chr. um 1500	um 1200	um 1200	um 1000
Abraham Isaak Jakob Josef VÄTER PATRIARCHEN	Mose • Befreiung aus ägyptischer Sklaverei • Wüstenzug • 10 Gebote EXODUS	• Einzug ins verheißene Land • Richterzeit LANDNAHME	Saul David Salomo KÖNIGE

v. Chr. 926	723	587	538	0 → n. Chr.
Zerfall in Nordreich Israel und Südreich Juda	Untergang des Nord-reiches	Babylonisches Exil Untergang Judas	Rückkehr aus dem Exil und Wiederaufbau Jerusalems	Geburt Jesu Christi

Gewissen

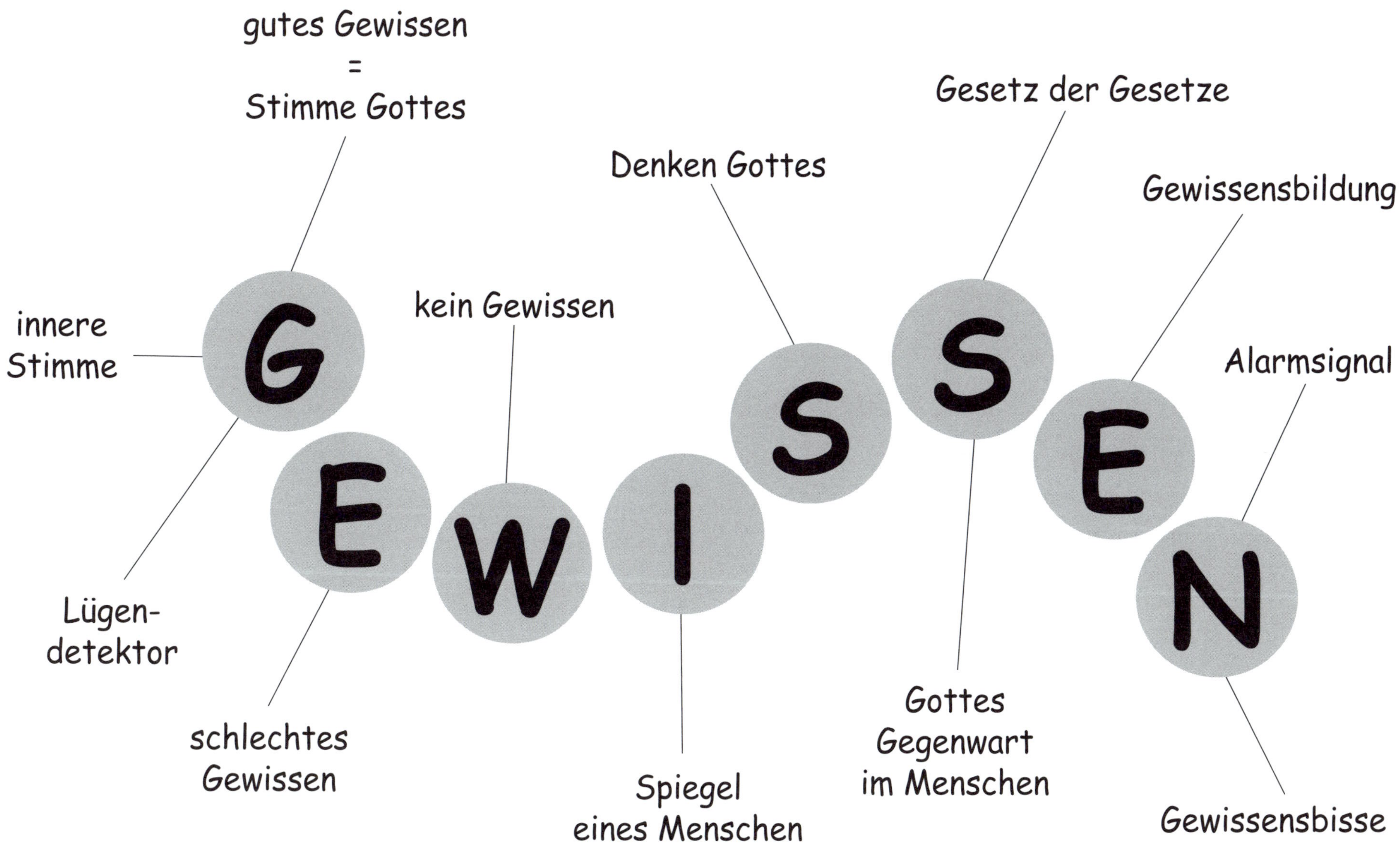

gutes Gewissen = Stimme Gottes
Gesetz der Gesetze
Denken Gottes
Gewissensbildung
innere Stimme
G
kein Gewissen
S
S
Alarmsignal
E
W
I
E
N
Lügen-detektor
schlechtes Gewissen
Gottes Gegenwart im Menschen
Spiegel eines Menschen
Gewissensbisse

Gleichnisse I

• neben die **religiöse Wirklichkeit** und Wahrheit	wird ein Vorgang oder Ereignis der **irdischen Wirklichkeit** gestellt
• uneinsichtiger **religiöser Sachverhalt**	wird am vertrauten **irdischen Sachverhalt** verdeutlicht

Sachhälfte
(religiöse Wirklichkeit)

Bildhälfte
(Welt des Hörers)

Vergleichspunkt
(tertium comparationis)
Grundgedanke des Gleichnisses
Alle anderen Züge der Bildhälfte dienen nur der Verdeutlichung

Gleichnisse II

GLEICHNIS: Beispiele: • Senfkorn • Sauerteig • Fischnetz • verlorenes Schaf	- benutzt typische, allgemeingültige Vorgänge aus der Natur und aus dem Alltagsleben der Menschen als Beweismittel für eine religiöse Sachaussage
PARABEL: Beispiele: • verlorener Sohn • Gastmahl • 10 Jungfrauen • böse Winzer	- frei erfundene, auf das Ziel hin konzipierte Geschichte, die trotzdem an die Erfahrungswelt des Hörers anknüpft - trotz zugespitzter Einzelfälle will sie glaubwürdig wirken - Beschränkung auf das Notwendigste - wenig Personen, typische Beispiele für Grundhaltungen - Vergleichspunkt am Schluss; Erzählung bricht ab
BEISPIELERZÄHLUNG: Beispiele: • armer Lazarus • barmherziger Samariter	- frei erfundene Geschichte gibt Antwort auf eine Frage oder gilt als Beweis für eine Behauptung - Schwerpunkt liegt nicht auf Deutung sondern auf Handeln danach
ALLEGORIE: Beispiel: • Gleichnis vom Sämann einschließlich Deutung	- Übertragung jedes Einzelzuges der Bildhälfte in die Sachhälfte

Gott-Prädikate

Gnade

Gerechtigkeit

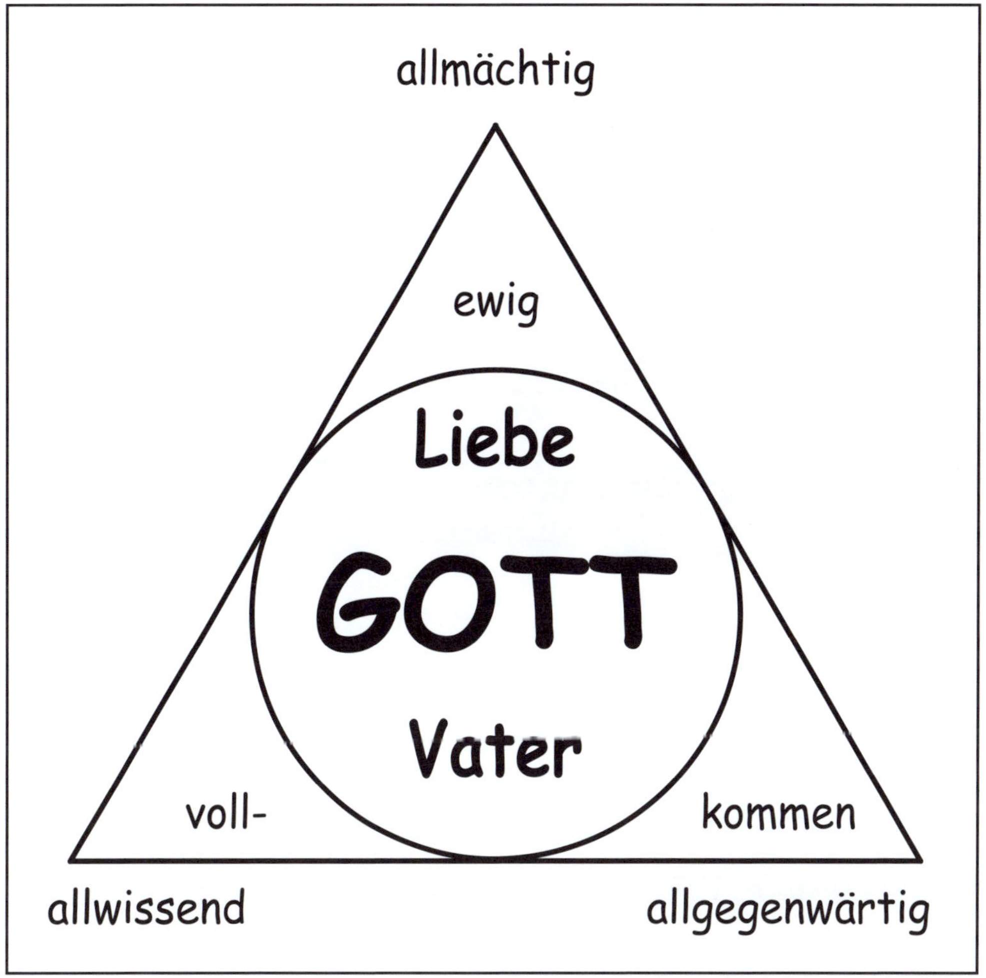

Güte

Großmut

GOTT: Wunschbild des Menschen?

Bibel: **„Gott schuf also den Menschen als sein Abbild."** (Gen 1,27)

Religionskritik: **„Götter sind Wunschvorstellungen des Menschen."** (Ludwig Feuerbach)

GOTT

(Vollkommenheit, Ewigkeit)

↑

in Wirklichkeit ist Gott nur das Fantasieprodukt des menschlichen Glückseligkeitstriebes

Gott ist nicht-existent

ILLUSION

↑

glaubt an Existenz Gottes

MENSCH

(Unvollkommenheit, Leid, Todesangst)

Entzweiung des Menschen

MENSCH	GOTT
Unvollkommenheit	**Allmacht**
Endlichkeit	**Güte**
	Gerechtigkeit

↓ Ziel: Mensch als Einheit

Mensch hat auch göttliche Eigenschaften

Ilse Gretenkord: Tafelbilder für den Religionsunterricht

Himmel

unbeschreibbar
unbegreiflich
unvergleichlich

- Thron Gottes
- Ort der Seligen
- Ewigkeit
- Vollendung
- Seligkeit
- Himmelskönigin
- himmlisches Hochzeitsmahl
- Vater im Himmel
- Himmelsleiter
- Engel - himmlische Wesen
- Himmelsbote
- Himmelspforte
- ... guckt vom Himmel auf uns herab
- vom Himmel herab eine Stimme
- Christi Himmelfahrt
- Himmelsmacht
- aus Himmelshöhen

- blau 
- wolkenlos
- bewölkt 
- grau 
- hängt voller Geigen
- im 7. Himmel sein
- sternenklar 
- Nachthimmel
- schmeckt himmlisch
- um Himmels Willen
- Himmelszelt
- unter freiem Himmel
- Himmelskörper
- himmelhochjauchzend
- himmlisches Tröpfchen
- Himmelbett
- Schleusen des Himmels öffnen sich

Hinduismus I

Hindu (=Inder)

kein Religionsstifter

Heilige Schriften
Veden
Upanischaden

BRAHMAN (= göttliches Prinzip)
unpersönlich, allgegenwärtig, ewig

steckt in allen Lebewesen,
in Mensch und Tier

➔ Verehrung von Mensch und Tier
(bes. heilige Kuh)

Erscheinungsformen des göttlichen Brahman

BRAHMA
(Weltschöpfer)

VISHNU
(Welterhalter)

SHIVA
(Weltzerstörer)

Zahlreiche Stammesgottheiten und Naturgötter in unzähligen Tempeln verehrt

Hinduismus II

ERLÖSUNG: Vereinigung mit dem BRAHMAN

WEG zur ERLÖSUNG: Böse Taten lassen KARMA entstehen
→ WIEDERGEBURT als Mensch oder Tier:

SAMSARA
(Seelenwanderung)

neue Bewährung möglich	neues Leid
gute ⇓ Taten	böse ⇓ Taten
ERLÖSUNG	**erneute WIEDERGEBURT**

Die Kasten:
(soziale Schichten)

- Zugehörigkeit durch Geburt
- Zugehörigkeit ist abhängig von guten oder schlechten Taten im vorherigen Dasein

I PRIESTER (Brahmanen)
II ADELIGE und KRIEGER
III BAUERN, HANDWERKER, KAUFLEUTE
IV ARBEITER, DIENENDE

PARIAS (Ausgestoßene)

Inquisition

Ketzer

(Häretiker)

(abgeleitet von Katharer)

Menschen, denen vorgeworfen wird, die christliche Lehre zu verfälschen und Irrlehren zu verbreiten.

Hexen

der Zauberei (=Ketzerei = Wirken des Teufels) beschuldigte Frauen.

Inquisition

(Ketzergericht)

- Geständnisse durch Folter erzwungen
- Verurteilung zur (öffentlichen) Verbrennung
- Vermögen von Verurteilten wurde unter kirchlichen und weltlichen Verfolgern aufgeteilt
- zur Anklage genügten:
  - Denunzierungen
  - Gerüchte

Islam

Prophet Mohammed (ca. 600 n. Chr.)

5 Säulen

ISLAM (Hingabe)	**KORAN** (heiliges Buch)	**MEKKA** (Wallfahrtsort der Muslime)	**KAABA** (Heiligtum des Islam)	**RAMADAN** (Fastenmonat)
MOHAMMED (Gründer des Islam)	**ALLAH** (Name Gottes)	**HALBMOND** (Symbol des Islam)	**MOSCHEE** (Gotteshaus)	**MUEZZIN** (Gebetsrufer)
MINARETT (Turm, von dem aus zum Gebet gerufen wird)	**FREITAG** (Gang in die Moschee)	**SURE** (Koranabschnitt)	**HADSCHI** (Bezeichnung eines Moslem nach Pilgerfahrt)	**ZUCKERFEST** (Fest zum Fasten-brechen)

Judentum

- **THORA: (TORA)** heilige Schrift – *Gesetz/Weisung* in 613 Bestimmungen basierend auf den 10 Geboten
- **TEFFILIN:** Lederkapseln an Kopf und Arm mit Lederriemen befestigt
  Inhalt: Texte aus THORA
- **TALLIT:** Gebetsmantel
- **KIPPA:** Kopfbedeckung

(Teffilin, Tallit und Kippa) werden beim Gebet getragen

- **FESTE:**
  - Beschneidung des Jungen (8 Tage nach der Geburt)
  - Bar Mizwa: Mit 13 Jahren darf ein Junge erstmals in der Synagoge aus der Thora vorlesen
  - Bat Mizwa: Mit 12 Jahren darf ein Mädchen erstmals in der Synagoge aus der Thora vorlesen
  - PESSACH: Erinnerung an den Auszug aus Ägypten (Paschafest)
  - SCHAWUOT: Erinnerung an die Übergabe der 10 Gebote an Moses
  - ROSCH HA-SCHANA: Neujahrsfest
  - JOM KIPPUR: Tag des Sündenerlasses (Versöhnungsfest)
  - SUKKOT: Erinnerung an Wüstenwanderung (Laubhüttenfest)
  - CHANUKKA: Lichterfest, Erinnerung an Neuweihe des Tempels in Jerusalem (164 v. Chr.)
  - PURIM: Erinnerung an Rettung der Juden durch Ester (Losfest)
- **Zeichen:**

7-armiger Leuchter (Menora)

Kindheitsevangelien (Jesu Geburt)

Mt Kapitel 1 und 2

Stammbaum Jesu

Huldigung durch die Sterndeuter
(Weise aus dem Morgenland,
3 heilige Könige)

Flucht nach Ägypten vor Herodes

Kindermord in Bethlehem
(→ MOSE)

viele Bezüge aus AT

wirkt, als seien die Ereignisse
aus der Sicht Josefs berichtet

Lk Kapitel 1 und 2

Verheißung der Geburt des Täufers

AVE MARIA (Lk 1,28 und 1,42)

Verkündigung der Geburt Jesu durch Engel Gabriel

Marias Besuch bei Elisabeth, der Mutter des Täufers
MAGNIFIKAT
(Lk 1,46-55)

Geburt des Täufers
BENEDICTUS (Lk 1,68-79)

„Weihnachtsgeschichte"
(Geburt im Stall/Engel/Hirten)

Darstellung Jesu im Tempel
LOBPREIS des **SIMEON** (Lk 2,29-32)
Zeugnis der **HANNA**

Der zwölfjährige Jesus im Tempel

wirkt, als seien die Ereignisse
aus der Sicht Marias berichtet

Kirche

Gebetsraum

Ort der Anwesenheit Christi

Festung

Konfession

Zuflucht

KIRCHE

Institution

Schiff

Besinnungsort

Haus Gottes

Arche

Gebäude

Gottesdienststätte

Gemeinschaft gläubiger Christen

Ort der Sakramentenspendung

Das Kirchenjahr im Überblick

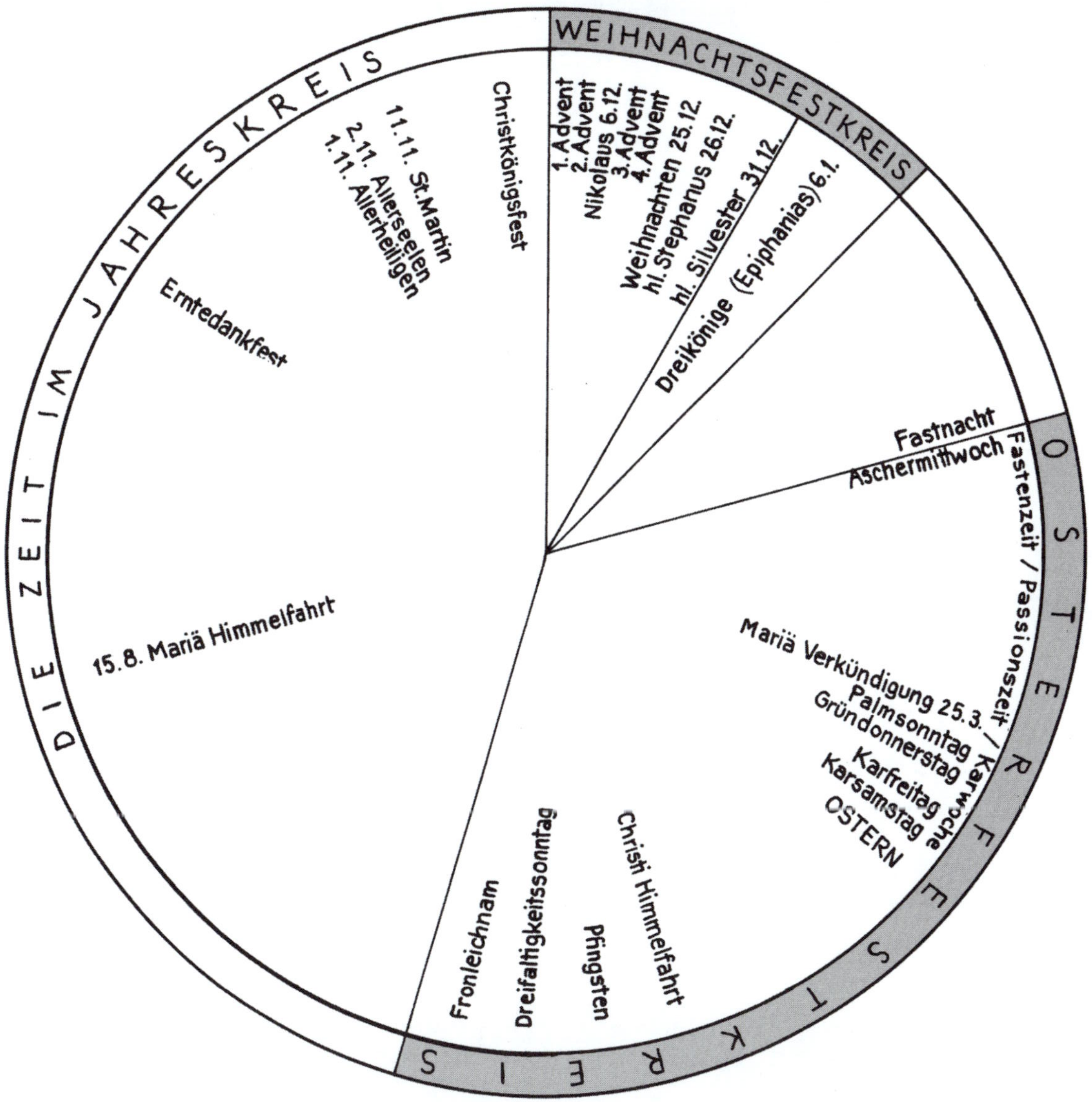

Die 14 Stationen des Kreuzweges

„Ans KREUZ mit ihm!" Verurteilung Jesu 1	 Dornenkrönung Verspottung 2	 Jesus fällt zum ersten Mal unter dem KREUZ 3	MARIA Jesus begegnet seiner Mutter 4	SIMON von CYRENE trägt für Jesus das Kreuz 5
VERONIKA reicht Jesus ein Schweißtuch 6	 Jesus fällt zum zweiten Mal unter dem KREUZ 7	 Weinende Frauen 8	 Jesus fällt zum dritten Mal unter dem KREUZ 9	Verlosung der Kleider Jesu 10
 KREUZigung 11	 Tod am KREUZ 12	 PIETA 13	Grablegung 14	

Kreuzzüge

I. 1096-99	II. 1147-49	III. 1189-92	IV. 1202-04	Kinderkreuzzug 1212	V. 1228-29	VI. 1248-54	VII. 1270
Aufruf 1095 durch Papst Urban II. Ziel: Befreiung Jerusalems und des Heiligen Landes (2. Ziel: Wiedervereinigung mit der Ostkirche) 1099: Eroberung Jerusalems	Anlass: Fall des Kreuzfahrerstaates Edessa 1144	Anlass: Rückeroberung Jerusalems durch Muslime 1187 Anführer: Kaiser Friedrich Barbarossa franz. König Philipp II. engl. König Richard Löwenherz	erstrebtes Ziel: Jerusalem erreichtes Ziel: 1204 Eroberung und Plünderung Konstantinopels	arme Kinder von Niederrhein zogen allein los; mussten umkehren oder wurden versklavt	Friedrich II. erreichte Übergabe von Jerusalem, Betlehem, Nazaret an Königreich Jerusalem freier Zutritt für Muslime 10-jähriger Waffenstillstand	Anlass: Rückeroberung Jerusalems durch Muslime 1244	Führer: Ludwig der IX., der Heilige Ziel: Eroberung von Tunis für den Kampf gegen die Ägypter Ende: Ausbruch der Beulenpest während der Belagerung von Tunis, an der auch Ludwig IX. starb

Entstehung der Ritterorden in Palästina:

1119 Templerorden
1155 Johanniterorden
1194 Deutscher Orden

Weltliche MOTIVE und FOLGEN

- Adelige wollten durch Eroberungen Besitz, Land und Macht gewinnen
- Arme hofften auf himmlischen und materiellen Lohn im Heiligen Land
- enormer Handelszuwachs
- kulturelle Entwicklung im Westen durch Kontakt zur islamischen Welt

Leid

Zwickmühle Leid

GOTT ist allmächtig → kann **LEID** verhindern

GOTT ist gütig → will kein **LEID**

↓

es gibt **kein LEID!**

Widerspruch

es gibt **LEID!**

GOTT gibt dem Menschen einen freien **WILLEN**.

⟹ **LEID** entsteht durch unrechte **WILLEN**sentscheidungen der Menschen.

offene Frage: Was ist mit unverschuldetem **LEID**?
(Naturkatastrophen, Behinderungen u. s. w.)

Liebe

GOTTESliebe ⇄ NÄCHSTENliebe

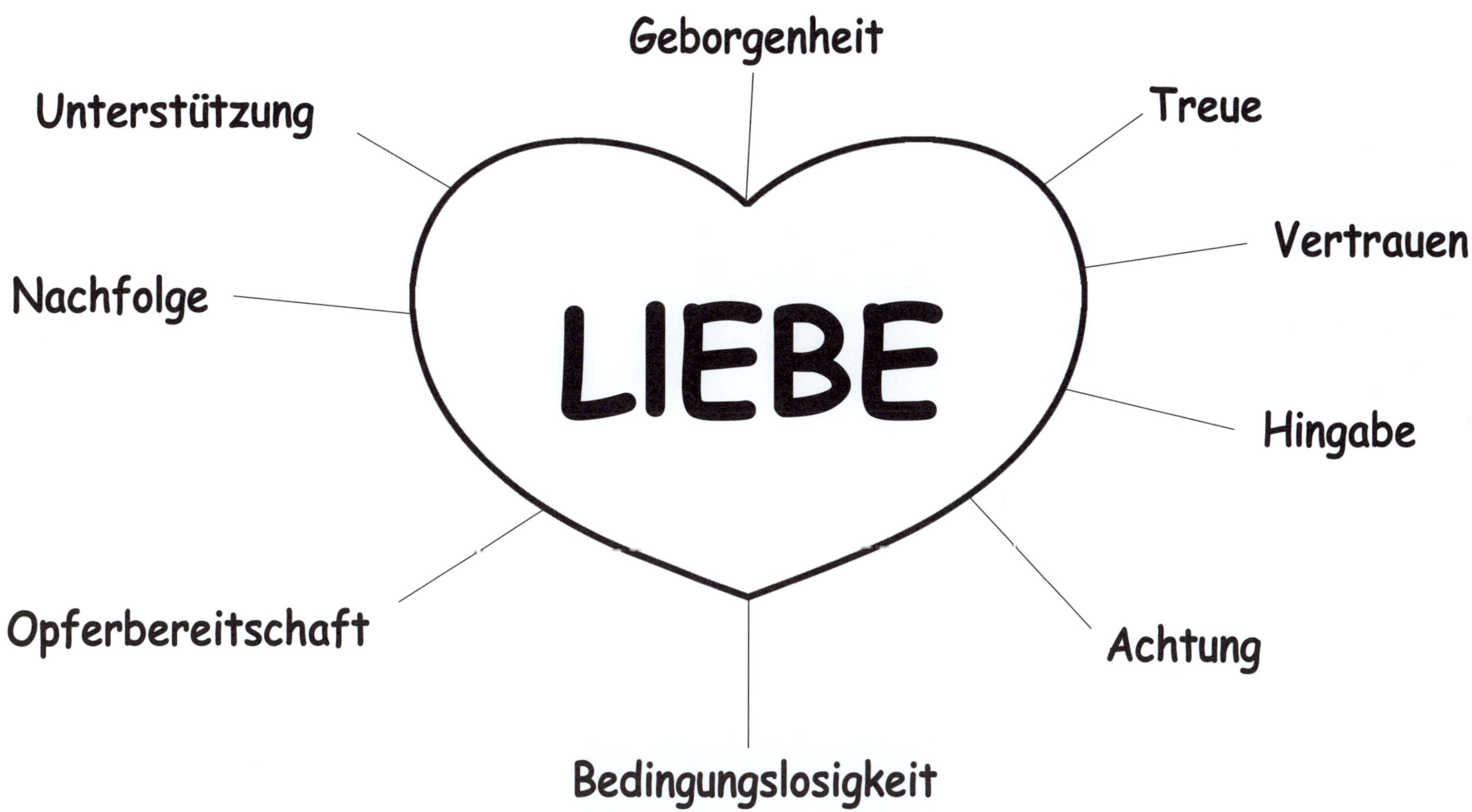

Maria

MARIA

von Gott erwählt

begnadet

Mutter Gottes

jungfräuliche Mutter

unbefleckt empfangen

übernatürliche Empfängnis

Heilige

Fürsprecherin

in den Himmel
aufgenommen

erstaunt

ratlos

junge Frau

Verlobte von Josef

Mutter eines Sohnes

trauernde Mutter

verzweifelte Mutter

Märtyrer

MÄRTYRER

Glaubenszeugen/Blutzeugen

Geben ihr Leben hin für ihren Glauben
an Jesus Christus

Heiligsprechung

- sie gelten als Vorbilder im Glauben
- sie werden verehrt
- sie werden um Fürsprache bei Gott gebeten

Beispiele aus zwei Jahrtausenden:

- **STEPHANUS** (1. christlicher Märtyrer)
- **THOMAS MORUS** (1478-1553)
- **MAXIMILIAN KOLBE** (1894-1941)

Mission

M I S S I O N

- Aufbruch zu den Heiden
- Verkündigung der Botschaft Christi
- Überzeugung vom Wert des christlichen Glaubens
- Bekehrung
- Taufe
- Nächstenliebe in Wort und Tat
- Heil bringen zu allen Menschen

Missionsreisen des Paulus

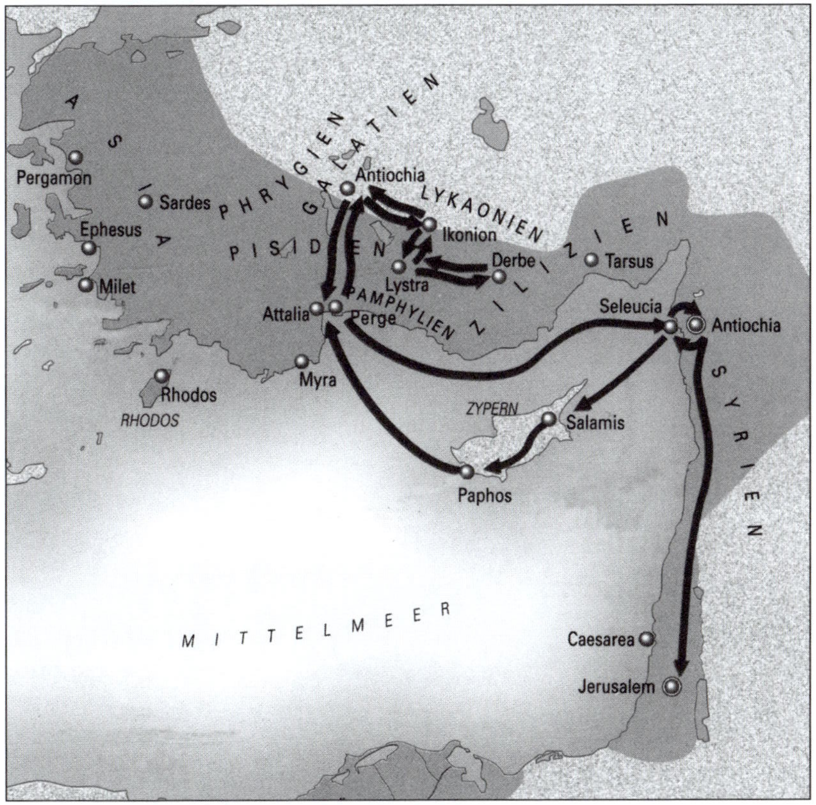

Die erste Missionsreise des Paulus

Die zweite Missionsreise des Paulus

Missionsreisen des Paulus

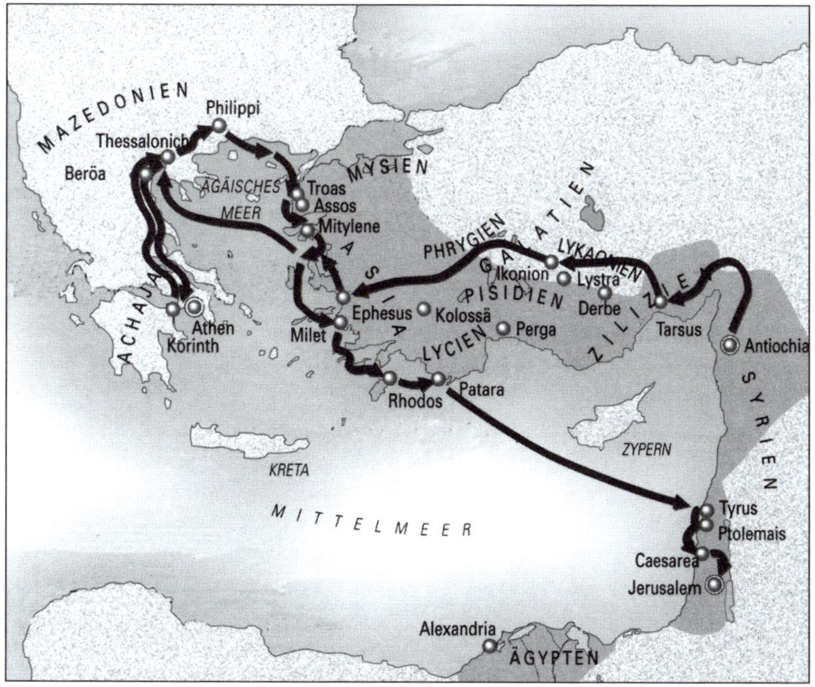

Die dritte Missionsreise des Paulus

Paulus' Reise nach Rom

Mönchtum

Einsiedler

lebt allein
von der Welt abgekehrt
nur für Gott

Zusammenschluss
z. B. im Kartäuserorden

kontemplativ
z. B. Karmeliterorden

Ordensgemeinschaften

Zusammenschluss
gläubiger Männer
gläubiger Frauen

- zur Nachfolge Christi
- zur Anbetung Gottes
- zum Gebet für die Menschen
- zur tätigen Nächstenliebe

ORA ET LABORA

Gelübde:
- Armut
- Gehorsam
- Ehelosigkeit

Orden im Dienst am Nächsten:
- Krankenpflege
- Waisenhäuser
- Schulen

missionierende Mönche

- Bonifatius
- Willibrord

Missionsorden

z. B.:
- Steyler Missionsbrüder
- Missionsärztliche Schwestern

„dritte Orden" – „weltliche" Ordenszugehörigkeit

Nächstenliebe

„Liebe deinen Nächsten wie dich selbst."

NÄCHSTENLIEBE

- Achtung
- Toleranz
- Mitleid
- Gewaltlosigkeit
- Geduld
- Hilfestellung
- Ehrlichkeit
- Akzeptanz des Andersseins
- Geben
- Teilen

EIGENLIEBE

positiv

- sich annehmen mit allen Stärken und Schwächen

negativ

- Egoismus
- nur auf eigenen Vorteil bedacht

„Was du nicht willst, das man dir tu' das füg' auch keinem anderen zu."

(Goldene Regel)

Petrus und	Paulus
☧ontifex primus	☧ost mortem Christi
Eifer	Apostel
Treulosigkeit	Umkehr
Richtschnur	Lehrer der Christen
Ungläubigkeit	Unverdrossenheit
Sprachrohr Christi	Saulus

Pfingsten

HEILIGER GEIST - GEIST GOTTES - GÖTTLICHE PERSON

der Heilige Geist verleiht Fähigkeiten

der Heilige Geist wirkt

der Heilige Geist tröstet

der Heilige Geist entfaltet

PFINGSTEN

der Heilige Geist sendet

der Heilige Geist ermutigt

der Heilige Geist verbindet

der Heilige Geist erfüllt mit Kraft

der Heilige Geist schafft Verständigung

der Heilige Geist erleuchtet

WIRKEN DES GEISTES GOTTES

Propheten

ANKÜNDIGUNG
der Strafe Gottes

MAHNUNG
zur Umkehr

WARNUNG
vor dem Zorn Gottes

beRUFene RUFer GOTTES

durch „**HIMMLISCHE EINGEBUNG**"

durch
VISION

durch
AUDITION

im
TRAUM

Reformation

MISSSTÄNDE in der kath. Kirche

- Ablasshandel
- weltlicher Luxus und Macht beim Klerus; unsittlicher Lebenswandel
- Ämterkauf, Ämterhäufung

MARTIN LUTHER

1517

95 Thesen
gegen Ablasshandel

KIRCHENSPALTUNG ⟷ REFORM

MARTIN LUTHER

- Verhör durch päpstliche Gesandte
- Bannbulle
- Reichsacht durch Kaiser
- verbrennt Bannbulle
- weigert sich, zu widerrufen

Reich Gottes

Himmlisches Hochzeitsmahl

Anschauung Gottes

keine Krankheit

kein Streit

kein Hunger

keine Behinderung

REICH GOTTES

ewiger Friede

größter Schatz

Vollendung

kein Leid

kein Tod

höchstes Ziel

wertvollste Perle

Senfkorn

sehnlichste Hoffnung

Rosenkranz

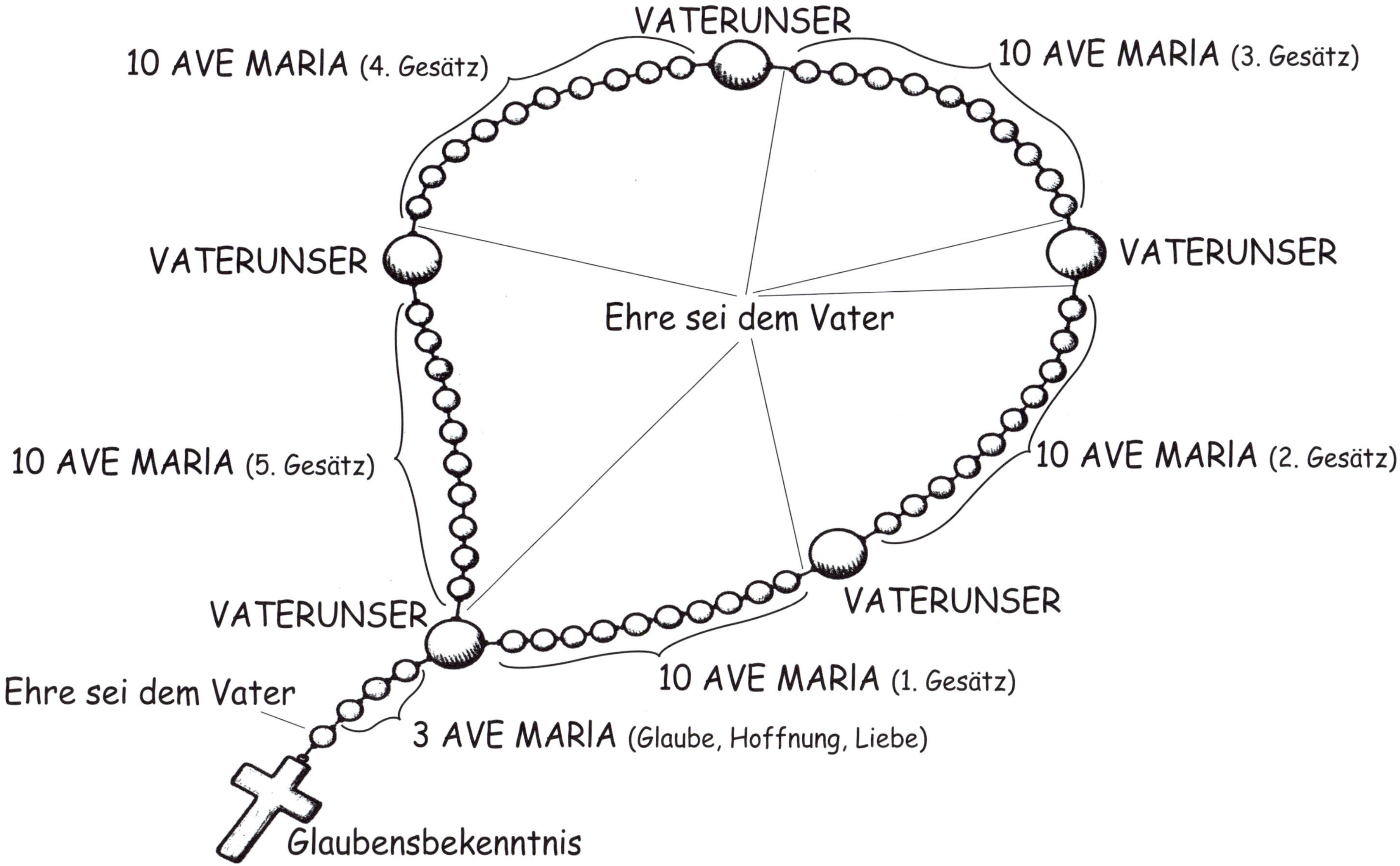
VATERUNSER
10 AVE MARIA (4. Gesätz)
10 AVE MARIA (3. Gesätz)
VATERUNSER
VATERUNSER
Ehre sei dem Vater
10 AVE MARIA (5. Gesätz)
10 AVE MARIA (2. Gesätz)
VATERUNSER
VATERUNSER
10 AVE MARIA (1. Gesätz)
Ehre sei dem Vater
3 AVE MARIA (Glaube, Hoffnung, Liebe)
Glaubensbekenntnis

Die sieben Sakramente der katholischen Kirche

TAUFE

Äußere Zeichen	Bedeutung
Bestandteile der Handlung - Übergießen mit Wasser - Salben mit Chrisam - Worte: „Ich taufe dich im Namen des Vaters und des Sohnes und des Heiligen Geistes" - Taufversprechen der Paten (oder der Eltern oder des Täuflings selbst) - Namensgebung **Beigaben** - weißes Kleid - Taufkerze	- Reinwaschen von Sünde und Erbschuld - Zeichen für Christsein (Chrisam = Salböl; Christus = der Gesalbte - Aufnahme in die Kirche

FIRMUNG

Äußere Zeichen	Bedeutung
- Salben mit Chrisam, in der Regel durch den Bischof - Kreuzzeichen auf die Stirn - Worte: „Sei besiegelt durch die Gabe Gottes, den Heiligen Geist" - Glaubensbekenntnis des Firmlings	- „Taufe" mit dem Heiligen Geist (religiös erwachsen werden; eigenes Ja zum Glauben) - Mündigkeit innerhalb der christlichen Gemeinschaft

EUCHARISTIE

Äußere Zeichen	Bedeutung
- Empfang des in der hl. Messe gewandelten Brotes und Weines	- Empfang des Leibes und Blutes Christi, der sich für die Menschheit aufgeopfert hat, um sie zu erlösen

BUßSAKRAMENT

Äußere Zeichen	Bedeutung
- Bekennen aller schweren Sünden - Reue und Wille zur Besserung - Worte der Lossprechung durch den Priester: „Ich spreche dich frei von allen deinen Sünden."	- Vergebung der Sünden - Versöhnung mit Gott

PRIESTERWEIHE

Äußere Zeichen	Bedeutung
- Handauflegung durch Bischof - persönliche Bereitschaftserklärung des Kandidaten	- Berufung in der Nachfolge Christi und zum kirchlichen Dienst

KRANKENSALBUNG

Äußere Zeichen	Bedeutung
- Salbung von Gesicht und Händen - Kommunionspendung	- Sündenvergebung und Spendung innerer Kraft in der schweren Krankheit

EHESAKRAMENT

Äußere Zeichen	Bedeutung
- Brautleute spenden sich selber das Sakrament, indem sie vor Priester und zwei Zeugen erklären, dass sie einander die Ehe versprechen - Der Priester legt die Stola um die rechten Hände beider Partner; dann folgt das gegenseitige Eheversprechen **Beigabe** - gesegnete Eheringe	- Verbindung zu einem auf Erden unauflöslichen Bund

Sekten-Merkmale

- Abgabe des Besitzes - Bereicherung des Sektenführers
- Aufgeben der eigenen Persönlichkeit - durch Gehirnwäsche
- absoluter Gehorsam, strikte Befolgung von Regeln, absolute Disziplin
- wenig Schlaf - sehr viel Arbeit für die Gemeinschaft
- kein Privatleben - Bespitzelung
- hierarchischer Aufbau, an der Spitze steht ein Guru/Meister/Führer
- Aufgaben: Betteln, Geldsammeln, Missionieren
- Abhalten von Ausbildung und Beruf
- Abkapselung von den früheren Kontakten
- schlechte Verpflegung
- Anbetung des Sektenführers
- Abschieben kranker, arbeitsunfähiger Mitglieder
- Erzeugung von Angst - Drohungen mit Satan
- Anlocken von Interessenten durch besonders herzliche Aufnahme

Sinn des Lebens

Urlaub

Spaß viel Geld

Luxus

schnelle Autos

Erfolg

Karriere

Bequemlichkeit

Ansehen Wohlstand

Besitz anhäufen

Macht Einfluss

Nehmen Party

S I N N des L E B E N S

Familie

Geben Kinder Sicherheit

erfüllender Beruf Gesundheit

Zeit haben

Geborgenheit

Hilfe am Nächsten

Verhinderung von Unheil

Mitwirkung an Verbesserung der Welt

Vorbereitung auf ewiges Leben bei Gott

Einsatz für die (Um)-Welt

Verhinderung von Ausbeutung

Sünde - Schuld

Ursachen:

- Neid
- Absicht
- menschliches Versagen
- Leichtsinn
- Bequemlichkeit
- Überheblichkeit
- Fahrlässigkeit
- Habgier
- Egoismus
- Hass
- Unwissenheit
- Gedankenlosigkeit
- Missachtung einer Regel
- Gebotsübertretung

Folgen:

- schädigt meine Mitmenschen
- schadet mir selbst
- stört meine Beziehung zu Gott

DILEMMA: unschuldig schuldig

Vergebung - Buße

Voraussetzung für Vergebung:

- ich werde mir meines Unrechts bewusst
- ich gebe mein Unrecht zu
- ich bereue meine Taten ehrlich
- ich will den Schaden wieder-gutmachen
- ich will es nicht wieder tun
- ich versöhne mich mit meinen Mitmenschen und mit Gott

Buße tun:

- ich bitte um Vergebung
- ich mache den Schaden wieder gut
- ich nehme eine Strafe an

Tagesablauf im Kloster

BETE und ARBEITE

• AUFSTEHEN	(sehr früh, je nach Orden ab ca. 3.00 Uhr)
• **VIGILIEN**	(Nachtgebet in der Kapelle)
• **LAUDES**	(Morgengebet; privat, still)
• **PRIM**	(Ende des morgendlichen Gotteslobes; ca. 6.00 Uhr)
• **HEILIGE MESSE**	(ab ca. 7.00 Uhr)
• FRÜHSTÜCK	(danach Zeit für Bibellesen)
• **TERZ**	(Vormittagsgebet; ca. 9.00 Uhr)
• ARBEIT	
• **SEXT**	(Mittagsgebet; ca. 12.00 Uhr)
• MITTAGESSEN	
• **NON**	(Nachmittagsgebet); danach Mittagsruhe
• ARBEIT	
• **VESPER**	(Abendgebet)
• ABENDESSEN	und Beisammensein
• **KOMPLET**	(Nachtgebet)
• NACHTRUHE	(sehr früh; ab ca. 20.00 Uhr)

Tod

Himmel Hölle
Fegefeuer
Auferstehung
ewiges Leben bei Gott
Gericht

nach dem Tod ist alles aus; danach ist nichts

Kontakt zwischen Toten und Hinterbliebenen

TOD

Ausstieg aus dem Kreislauf des Lebens
Wiedergeburt zu irdischem Leben
Nirwana Erlösung

irdische Taten haben keinen Einfluss auf die Existenz im Jenseits; weltlicher Stand entscheidet über Art der Existenz nach dem Tode

irdische Taten haben Einfluss auf die Art der Existenz im Jenseits; gutes oder schlechtes Verhalten im Leben entscheidet über Art der Existenz nach dem Tode

Tod und Leben

TOD

Ende des zeitlich-weltlichen Lebens
Durchgang zum ewigen Leben

die dunkle Seite des Todes	der Tod als Tor zum ewigen Leben
Abtreibung, Todesstrafe	Glückseligkeit, Gemeinschaft
Hoffnungslosigkeit, Mord	Licht, Liebe
Dunkelheit	Harmonie, Wärme
Angst, Einsamkeit	Freude, Auferstehung
Trauer	
TOD	**LEBEN**
Verzweiflung, Leid, Kälte	Hoffnung, Ewigkeit
Selbsttötung, Totschlag	Erfüllung, Freiheit
Tötung auf Verlangen	Erlösung
tödliche Krankheit	Gesundheit

Verheißungen an ABRAHAM

AT		NT
Buch JOSUA: Bericht von der Landnahme (Jos 1,1-6)	**EXODUS:** Israel wird in ägyptischer Gefangenschaft zu einem großen Volk (Ex 1,1-7.9.20)	Erst durch Jesus wird der Segen Abrahams allen Völkern zuteil
↑	↑	⇡
Land Kanaan	unzählige Nachkommen	Segen für alle Völker
(Gen 12,1-3.7)		(Gal 3,6-9.14)

Vorbilder

weltlich

IDOLE STARS

- umjubelt
- gesponsert
- verehrt
- auf Postern abgebildet
- in den Medien
- geben Autogramme
- gefolgt/verfolgt von Fans
- reich
- erfolgreich
- weltlicher Ruhm
- Vorbild für ihre Fans

religiös

HEILIGE

- verstorben
- bei Gott
- Fürsprecher für Menschen
- Schutzpatrone
- Helfer in Not
- ihr Vorbild: Jesus
- Verehrung
- verschmäht
- freiwillige Armut
- in Kirchen
- auf Heiligenbildchen

Vorsehung – Vorherbestimmung – Schicksal – Zufall

VORSEHUNG	VORherBESTIMMUNG	SCHICKSAL	ZUFALL
Gottes Allwissenheit weiß im Voraus, wie die freie menschliche Willensentscheidung sein wird	keine Tatenlosigkeit menschliches, freies Handeln ist eingeplant in Gottes Lebensplan	wird geschickt von höheren Mächten	fällt einfach wahllos zu

Wille GOTTES ⟷ ? **freier Wille des MENSCHEN**

Widerspruch/Vereinbarkeit

Wahrheit und Lüge

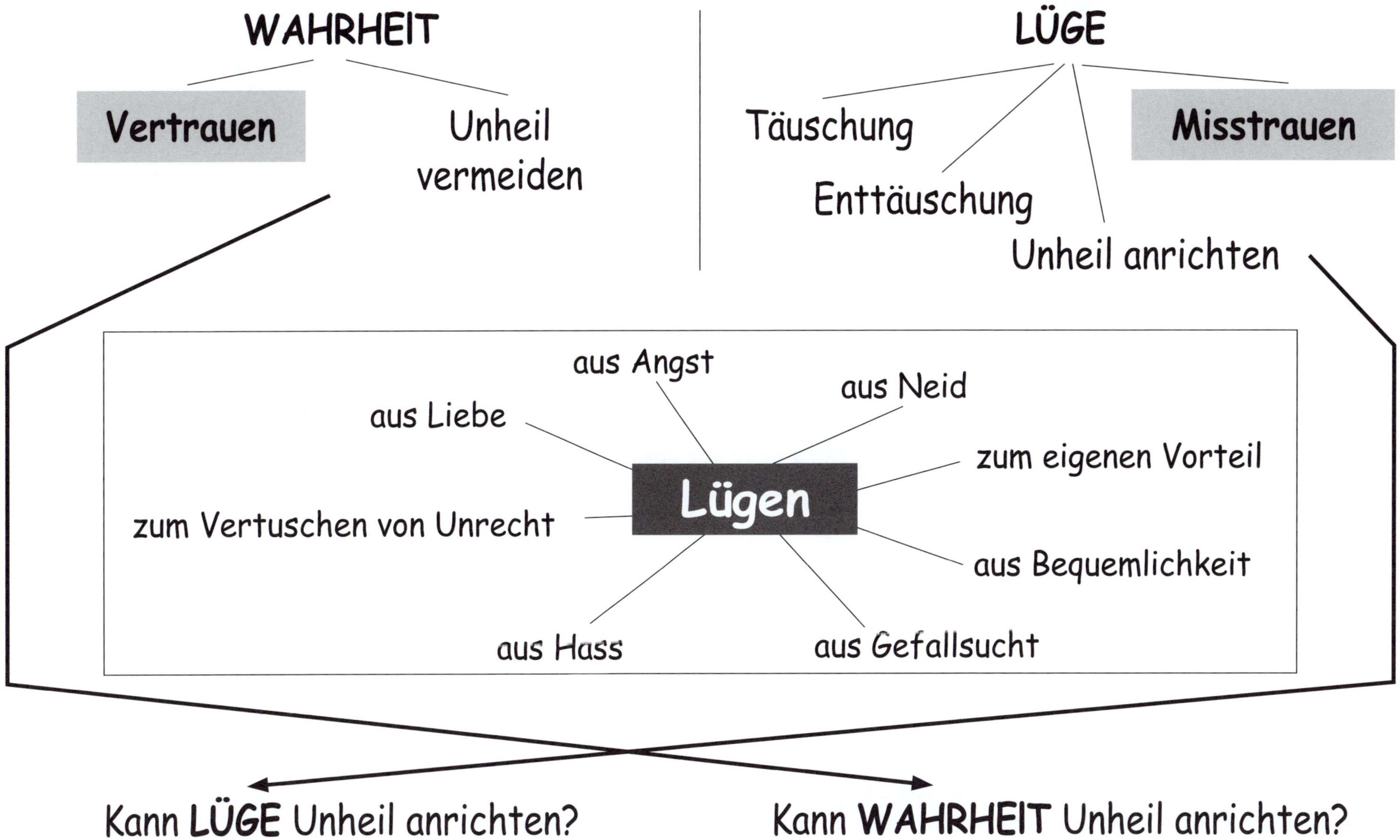

Was ist Wahrheit?

geschichtliche WAHRHEIT	naturwissenschaftliche WAHRHEIT	Glaubens-WAHRHEIT
Der Historiker überprüft die Richtigkeit folgender Fakten: - NAMEN - ORT - ZEIT - ZEITZEUGEN - schriftliche BERICHTE aus damaliger Zeit	Prozess der Wahrheitsfindung: - BEHAUPTUNG/ VERMUTUNG aufstellen - zahlreiche VERSUCHE/ MESSUNGEN/ UNTERSUCHUNGEN - Auswertung der ERGEBNISSE - Definieren von GESETZMÄßIGKEITEN	das WANN, WO, WAS und WIE spielt eine untergeordnete Rolle Biblische WAHRHEIT ist: - Gott hat die Welt und die Menschen erschaffen - Sein Sohn Jesus Christus ist Mensch geworden, um die Menschen zu erlösen

Werte und Normen

religiöser Ursprung

- 10 Gebote
- Bergpredigt
- Goldene Regel
- Gewissen
- Kirche

gesellschaftlicher Ursprung

- Erziehung – Eltern, Lehrer
- Schule
- Traditionen
- Gesetze
- Grundrechte
- Ideale und Idole
- Medien
- Gesellschaft/Mitmenschen

Wunder I

Heutiger Wunderbegriff: Ereignis, das die naturwissenschaftlichen Gesetze durchbricht.

Biblischer Wunderbegriff: Ereignis, das vom Glauben als Wirken Gottes erkannt wird.

Grundwunder des AT EXODUS	Grundwunder des NT AUFERSTEHUNG CHRISTI
Nebenwunder: - Plagen - Manna - Durchzug durchs Schilfmeer - Speisewunder - Totenerweckung - u.a.	**Nebenwunder:** - 17 Krankenheilungen - 6 Dämonenaustreibungen - 3 Totenerweckungen - 2 Erscheinungsberichte - Naturwunder (Fischfang; Weinwunder; Sturmstillung; Wandeln auf dem Wasser u.a.)

Wunder II

Historisch: Machttaten Jesu werden historisch nicht geleugnet, nur anders gedeutet.

Literarisch: Der Erzähler drückt den Glauben an Jesus als den Christus aus; dabei spielt kaum eine Rolle, wie und ob sich das Erzählte so ereignet hat.

Einleitung:	Schilderung der Notsituation.
Hauptteil:	Wort oder Handlung Jesu bewirkt das Wunder.
Schluss:	Reaktion des Geheilten und der Zuschauer.

Theologisch: Wunder sind keine Beweise für die Gottessohnschaft Jesu.
Sie setzen eher den Glauben an Jesus als den Erlöser voraus.

Wunder sind Zeichen für die anbrechende **Gottesherrschaft**.

keine Krankheiten
keine Behinderungen
kein Hunger
kein Leid
kein Tod

Zweiquellentheorie

Synoptische Evangelisten

MARKUS
MATTHÄUS
LUKAS

MATTHÄUS und LUKAS haben Teile ihres Evangeliums aus zwei Quellen:

1. MARKUS-Evangelium

2. REDENQUELLE
(Jesusworte; Gleichnisse)

MATTHÄUS-Evangelium

Sondergut 233 Verse	1. Quelle 600 Verse	2. Quelle 235 Verse
Texte, die nur bei Mt stehen		

LUKAS-Evangelium

1. Quelle 600 Verse	2. Quelle 235 Verse	Sondergut 564 Verse
		Texte, die nur bei Lk stehen